文學叢刊

陳福成著

晶英客棧

陳福成詩科幻實驗小說

文史哲出版社印行

國家圖書館出版品預行編目資料

晶英客棧：陳福成詩科幻實驗小說 / 陳福成著.
-- 初版 -- 臺北市：文史哲出版社, 民 112.06
頁；　公分 --（文學叢刊；472）
ISBN 978-986-314-641-4（平裝）

863.51　　112009495

文學叢刊 472

晶英客棧

陳福成詩科幻實驗小說

編　　者：陳　福　成
出 版 者：文 史 哲 出 版 社
http:// www.lapen.com.tw
e-mail：lapen@ms74.hinet.net
登記證字號：行政院新聞局版臺業字五三三七號
發 行 人：彭　正　雄
發 行 所：文 史 哲 出 版 社
印 刷 者：文 史 哲 出 版 社
臺北市羅斯福路一段七十二巷四號
郵政劃撥帳號：一六一八〇一七五
電話886-2-23511028 · 傳真886-2-23965656

定價新臺幣二四〇元

二〇二三年（民一一二）七月初版

ISBN 978-986-314-641-4　　10472

序　詩：從龍門客棧到晶英客棧

東廠
到底是一家什麼公廠？
或工廠
廠裡生產什麼產品？
為什麼千百年來
東廠生意茂盛
業務更是繁榮？
東廠幾乎就是
一個超時空名牌
當然也有很多淡季

當明君聖王入世
東廠只好收斂些
產品少了
生意不好做啊
但不可否認的
東廠這家店
千百年來
始終沒有完全關店
只有生意好不好的差別
直到東廠碰上客棧
有如孫悟空碰到如來佛
就一切都結束了

為什麼客棧
總是成為

東廠的終結者？
啊！客棧
是那一天
忉利天
非想非非想天
空無邊處天
或是西方極樂世界
你說呢
萬法唯心
說客棧
即非客棧
是名客棧
你的心
就是一座客棧
名之曰

龍門客棧
或晶英客棧
總之你有了客棧
必能除惡
且除得乾乾淨淨

你的心
是一座客棧
客棧住著眾善
諸惡不能住
一切東廠碰到你
都立即消失
因你有無尚法力
就由你來講經說法吧

眾生之所作
善惡經百劫
因業不可壞
果報終自得

《眾許摩訶帝經》

一切諸世間
皆有善惡業
善惡生五道
業持眾生命

《大莊嚴論經》

雖復起愛心無染
行慈便能離瞋過
能生智慧離愚痴

能如是者離諸垢

《月燈三昧經》

然而人生旅程
在各種顏色間
苦苦掙扎
在各種欲望間
無休止
糾纏
想要找個可以安頓
身心的客棧
恐亦不可得
甚至一個小小的夢想
也被東廠破壞
你大大不滿

乾脆自己變成東廠
可以織自己的夢
瓦解別人的夢
你以為不可能嗎？
許多東廠
那些趙高、魏忠賢們
都是這樣變出來的
所以人生啊
走路要小心
先哲常言
一失足成千古恨
這是真的

從龍門客棧到晶英客棧
又過了千百年

客棧恒在
東廠亦尚未滅盡
這麼久了
不是說進化論嗎？
人們是怎麼混的？
越混越回頭
使東廠又死灰復燃
各世界的
善男子、善女子
你不要死的不明不白
當然，不要跳樓
或跳海
就移居異世界
住進晶英客棧
晶英客棧

可以成為你永恒的夢境
安頓你的身心靈
晶英客棧歡迎你
一起去爬太魯閣山
看三界之中
最美麗奇異的風景

這麼好的居住環境
好過天堂
生活過日子全免費
一定有很多人問
怎樣移民？
怎樣辦簽證？
其實很簡單
只要八個字

眾善奉行
諸惡莫作
只要你有一顆真善美
純淨的心
就是前往異世界唯一的簽證
自動取得
晶英客棧居住權
無條件享有一切福利
我已在這客棧
住了數百年
真誠歡迎各世界的
善男子、善女子
來小住一遊

附記：這是一本用現代詩寫的科幻小說，有史以來，現代詩沒有這樣寫的，故稱實驗小說。寫作旨趣，最大的考量是可讀性和趣味性，不要給讀者製造「災難」，否則我就成了另一種東廠。
全書三千多行，盡可能減少使用意象，也減少太多太大的跳接。
說實在的，意象經營過於繁複，讀起來沈重且嚴肅，大家敬鬼神而遠之，這種作品寫來何用？自爽而已；而跳接太大，使人看不懂，也是白寫了！希望本書能讓讀者喜歡，讀得下去！

台北公館蟾蜍山萬盛草堂主人　**陳福成**　誌於
佛曆二五六六年　公元二〇二三年四月

晶英客棧

陳福成詩科幻實驗小說

目　次

第一章　東廠惡靈自地獄竄出

這是什麼時代？
什麼世紀？
我明明生存在廿一世紀二零年代
神州邊陲一小島
但我放眼看出
完全不像
倒像秦始皇死後
那末日景像
或更像
明朝末年

東廠橫行之世
再仔細看看
果然
廟堂之上
一群群　趙高
一夥夥　魏忠賢
正群聚在
偽行政院、偽立法院……
偽大頭目的統領府內
燒烤人肉
把人民的血當啤酒喝
滿街狼犬

絕不可能
我開始懷疑自己的眼睛

定是老眼昏花
或做夢
我泡一壺熱茶
醒醒身子
確定人是醒的
不是做夢
我又懷疑自己的心臟
會不會他老人家
今天罷工
不跳了
那就等於是一個死人

我是一個死人嗎？
死人還能看見什麼？
頂多是

一景迴光返照
或中陰身途中
所見之假相
我不斷自我
查證
我到底是一個
死人或活人
才能確定我所見
是真相
或假相
還是夢境
西哲言
我思故我在
如今
我看故我在

我存在又能觀看
證明我是一個活人
不是死人
那一群群趙高
一夥夥魏忠賢
都是真的
就在神州邊陲一小島
啊！可怕
東廠惡靈自地獄竄出

這裡的眾生
造了什麼惡業
註定要與苦難結緣
要成為那一群夥趙高或魏忠賢

等隨時被捕的獵物
你成為惡靈
口中的一塊烤肉
你的血
是牠們手上的啤酒
你的骨
惡靈用來敲戰鼓
咚、咚、咚
戰鼓響起
十六歲以上都要上戰場

要打仗了嗎？
確是
這是我看、我知
親自了解的一件事

但為什麼要打仗？
經我深入研究、理解
原來
歷史上的魅魑魍魎
妖魔鬼怪
從地獄竄出後
在一百多年前
以東洋倭寇之身形
統治了這塊
神州邊陲的地瓜島
那些倭寇惡靈基因
有如地瓜般
在這島上生長壯大
最終取得政權
現在我所見

廟堂上
一群群趙高
一夥夥魏忠賢等
都是那些惡靈的後代
牠們用恐怖統治的手段
建立了美式民主的
現代東廠新政權
從此以後
美麗的地瓜島
成了惡魔島
這是我在此生之世
親身所見
現在是眼見為證了
不是夢境

我也不是死人
活生生的看見
相信一切眾生都看見
看見地瓜島的苦難
地瓜島的沈淪
最可怕的看見
是看見島嶼上的年輕世代
朝著進化論
之逆向
快速的退化
才不過是一代
或兩代
基因全變了
是突變吧
許多人類

包含老、中、青、少、幼
退化成類人
更多是退化成青蛙
活在一大鍋溫水中
水漸漸加熱

結果將如何？
白痴也知道
最終、最終
就是一鍋死青蛙
對現代東廠政權之惡行
全都無感
任由廟堂上
一群群趙高
一夥夥魏忠賢等

享用著燒烤人肉
或烤青蛙
喝著蛙血、人血
像是超爽的冰啤酒
啊！我所見
是秦末、漢末、元末或明末嗎？
非也
現在我相信自己的眼睛
神州邊陲這座地瓜島
已從寶島
退化成荒島
屬於神州龍族之文明文化
全部流失
被全部去除
啊！我們又

回到了石器時代

「回到石器時代？」
不知情者
或死人
或那些被煮的半生不熟
或已全熟
的青蛙
一定會說：「絕無可能！」
但等牠們清醒
牠們也說：「看到了！」
「是真的！」
當世界已進化到了廿一世紀
在神州邊陲有一島嶼
島上生靈

竟退化回到石器時代
這可是世界奇觀
島嶼可以成為
生物博物館
證明
人類雖不斷在進化
也可以用政治手段
使其退化
選擇性的
把多數中下層人類
加速退化
這是為方便統治的需要

當然，現代東廠政權
一定是要進化的

尤其領導階層
那一群群趙高
一夥夥魏忠賢等
要懂很多陰謀、陽謀
要設計很多騙局
要能一手遮天
要騙死人不償命
凡此
都要進化出特種智慧
所以不要小看了那些
趙高、魏忠賢等
牠們不簡單啊
是進化論中的異種

順帶一述

這地瓜島上的人類
退化回到石器時代
還有禮義廉恥嗎？
很抱歉
石器時代不叫人類
叫類人
文明文化尚未形成
連文字也沒有
何來禮義廉恥？
當然也沒有忠孝仁愛
更沒有信義和平
一切人倫道德
也都不存在
類人們
在自然狀態下吃喝

自然狀態下
任意隨地交配
完全任由
標榜民主、人權、自由的
現代東廠新政權
那一群群趙高
一夥夥魏忠賢等
擺佈、統治

說實在的
我自命千秋史官
提手上董狐之筆
秉筆直書所見
但面對著
可惡又可怕的

東廠新政權
小生
還是怕怕
萬一被東廠
或滿街狼犬走狗
發現、告密
必會追殺我

或有聞者說
放心
東廠遠在天邊
顧不了一個史官
惟知情者都知道
早已相互警示
「小心！東廠就在你身邊！」

東廠及其走犬
早已佈在
地瓜島的每個角落

但我堅持
當一個稱職的史官
冒著被追殺的危險
也要秉筆直書
告訴全天下的人
也要寫入歷史
東廠新政權到底要幹什麼？

第二章　東廠新政權到底要幹什麼？

宇宙間許多事
永遠沒有終極的正確答案
因為
絕大多數事情
不論善果或惡果
善緣或惡靈
其形成
都是百、千、萬、億年
因果、因緣
所積累而成

人類智慧
不可能知其完全
唯佛能全知

這就解釋了
神州邊陲這個地瓜島
為什麼會成為
魔鬼島
乃至文明文化的沙漠
荒島
而出現了東廠新政權
那一群群趙高
一夥夥魏忠賢等
都是歷史上
所有惡靈的集合體

人形妖魔
所以問東廠新政權
到底要幹什麼？
等於問那些人形妖魔
要幹什麼？
想必也沒有終極的
正確答案
但妖魔會幹好事嗎？
想必也不可能
只會造惡
造孽
給眾生帶來苦難吧！

萬年、億年的
因果、因緣

我不可能知道
但幾百年、幾千年的因果因緣
我略知一些
這些惡靈的轉世
幹了什麼壞事！
也可以略為一說

先說我為什麼看得見
千百年來
惡靈幹了什麼壞事？
為什麼有些被我看到？
這一切
都得從「我」開始
我是誰？
我就是千秋史官

所謂「萬般帶不走」
「只有業相隨」
大約三、四千年來
不論我如何轉世
多數是當一名史官
在某些繁榮和平之世
也曾轉世成為
秀才、將軍、農夫、商人等

但大多時候
我始終轉世成為史官
這可能是個人願力所致
當一名稱職的史官
成了我
累世的「業」

累世的功課
當然，三、四千年
說長不長
說短不短
很多的世紀所見
已記憶不清
有幾個動亂世紀
記得特別清楚
似乎在動亂
或黑暗之末世
就會出現「東廠」政權
所以，東廠
不是只有神州大地之
大明末葉
在其他朝代

乃至西洋列邦
也常出現東廠政權
都是各種
惡靈的集合體

我的印象裡
第一個惡靈集團
出現在
我神州大地之
龍族的夏朝末世的
履癸集團，即夏桀
夏桀窮奢極慾
濫殺忠良
這一夥惡靈是
今之地瓜島靈最早的範本

桀愛上有施氏的女兒妹喜
為討妹喜歡心
勞天下之民力
搜刮萬民之財寶
建瓊室、象廊、瑤臺
室內置玉床
又設酒池、肉林
有忠臣進諫
皆殺
進行恐怖統治
無東廠之名
已有東廠之實
百姓，苦啊
終於商湯起而討伐
放桀於南巢

夏朝就滅亡了

我覺識最清楚
是第二個惡靈集團
出現在
商朝之末世
受辛集團，商紂王
他喜歡美女妲己
為討她歡心
建酒池、肉林
供她賞玩
人民活在水深火熱中
紂王無道
把忠臣比干的心
剜出

給妲己進補
又殺了西伯昌之子
做成肉餅
最終周武王伐紂
滅了商朝
紂王自焚而死

在商紂王惡靈集團中
我發現一件
奇詭而可怕的事
就是妲己這個女人
她的相貌
竟和幾千年後
神州邊陲這個地瓜島
東廠新政權的女大頭目

名叫蔡英文的
一模一樣
這也太絕了
深入追源
妲己這個女人
她本是一隻
千年狐狸精
修得人形
迷惑紂王
為害天下子民
妲己曾在妖界有
千古第一毒妖
之名
千百年的流轉
這隻毒妖

如何轉世成為今之
蔡英文
吾人不得而知
但蔡英文
在今之惡靈集團中
也有
千古第一陰毒女人
之名
這兩個女人有所傳承
則為可知
故，古雖無東廠之名
已有東廠之實
古今之東廠
其本質都是
惡靈妖魔

僅給人間製造災難

當一名千秋史官
是我永恒的願力
果然心想事成
可以在千百年歷史
流轉中
狠狠的記下
歷史上一些東廠惡靈
幹了那些壞事！
白紙黑字
全都記下
除了在夏商之際
我轉世為史官
在往後的數千年

我有多回
也轉世為史官
例如在秦
眼見趙高之禍
在明又見魏忠賢之亂
而最叫我驚心的
在南宋
泣見秦檜夫婦，以及
張俊、萬俟卨、王俊
五人聯手
害死民族英雄岳飛
如今
五人還跪在岳廟前
永世不得翻身啊

到了二十世紀中葉
我又轉世
降生在這神州邊陲
地瓜島
廿一世紀前葉
我任職史官
驚訝的發現
這個東廠新政權
幾個頭頭們
其長相和
秦檜、張俊、萬俟卨、王俊
多麼神似
連講話神情也像
這太詭異了

不論古今
任何形式的東廠政權
本質上必然是
生物演化過程中出現的
異形
那是來自地獄
惡靈的集合體
當然就只幹壞事
只是每個時代背景不同
壞事的內容
也必然有差別
那麼，現在
地瓜島上這個
東廠新政權
到底幹了什麼壞事？

或說這些異形
趙高、魏忠賢等
惡靈們
牠們的目標為何？
想要幹什麼？

一言以蔽之曰
享受權力的滋味
權力等同錢力
只要東廠新政權在
那高坐在廟堂上
偽行政院、偽立法院、偽監察院等
以及偽大頭目統領府內
各偽官府內
一群群趙高

一夥夥魏忠賢
等等惡靈
吃著燒烤人肉
享用著
人血冰啤酒
然後說著
自由、民主、人權的
無尚價值

再往更深層探索
這些惡靈
聲稱
要另立乾坤
更要自創宇宙
真是吃了熊心豹子膽

這是背叛祖宗
分裂神州的行為
小小一個地瓜島
惡靈就算有天大本事
也不足以對抗
神州龐大之眾神力量
為此，惡靈們
勾結西方妖獸
企圖壯大
東廠新政權的實力
以武拒統

西方妖獸
以美帝為首
組成新

八獸聯軍
到我神州附近海域
打卡
證明西方仍有
妖獸物種的存在
但這些妖獸
說到底
根本就是沒種
因為西方妖獸已衰落
而我神州龍族
已然強大崛起
所以西方妖獸
也不敢玩真的
若真打
瞬間叫牠們

吃龍族兵工廠生產的
無敵導彈
尤其妖獸之一的
倭國，再跳
就叫牠們吃
龍族核彈
使其亡國亡族亡種

所以囉
那所謂的
西方妖獸和新東廠政權
還能幹出什麼壞事？
一切都在神州大地
龍族掌控中

第三章　島嶼的憂鬱

這個東廠新政權
統治地瓜島
才幾十年
已然透過
惡靈政治手段
徹底的
改變了進化論機制
使地瓜島
回到石器時代
人類快速退化成

類人
有的根本只是
一個活死人
更有很多年輕世代
退化成
一隻隻青蛙
活在一鍋溫水中
悠游自在
下面的火慢慢燒著
眾皆不覺

當然，你說誰是類人
他絕不承認
他只說
不過是內卷

你說誰是活死人
他也否認
他說就是
看破了紅塵啦
你說某人是青蛙
他更否認說
只不過看不到前景
而實際上
地瓜島眾生
不是正想著要跳海
就是要跳樓
或想著要
謀殺自己
以專業術語說
地瓜島之眾生

都得了憂鬱症
或躁鬱症、憂躁症
或精神分裂症
無解的習題啊

黑影幢幢
無形、無色、無味
是一群群
趙高幽靈
穿透每一個類人
是一夥夥
魏忠賢的幽影
罩住每一隻青蛙
一波波
覓食的生靈

大家反復來去
或走、跳
為啄食一塊
過時的肉
不論是誰
生活須要資糧
日子總得過下去
一時還不能去跳樓
不能跳海
更要找一處
避風港
以免被東廠新政權
諸惡靈
捕獲
做成燒烤人肉

就連血
也被那些
趙高、魏忠賢們
當冰啤酒喝了

島嶼就這麼
丁點大
密集著這麼多生命
擁擠著
磨擦著
空間溫度升高
何能安生
風聲叫人恐懼
街道
浮出一張張

驚恐
無助的臉
遠看閃動的影子
顫抖
馬路上
東廠的馬隊
嘶叫飛過
定是在追捕人
眾皆驚恐
閃避
這是島嶼的常態了
在廿一世紀初葉
地瓜島
不論日夜

島嶼的早晨
屬於青春
早起的鳥兒有蟲吃
早起的蟲兒供鳥吃
類人和青蛙等
總不能老想著
要跳樓
或跳海
往好處想
日子才過得下去
想一想
東廠新政權
也幹過一些好事
例如「通姦除罪化」
「毒品除罪化」

「貪污除罪化」等等
太好了
鳥兒、青蛙等
都快樂歌唱
類人也高興得
回復成人類
雖然
四維八德已被
丟入外太空
人性、倫理
也已掃進焚化爐
全都化成
灰燼
然而生命只是活著
活著

活著就好
不要說東廠的壞話
說了
你鐵定活不成

島嶼得了憂鬱症
日子越來越難混
風聲
對我不利
但我身為史官
總不能跳樓
或跳海
我跳了
誰來記錄島嶼發生的事
流傳後世

不能光記好事
例如光記通姦除罪化
毒品除罪化等
東廠幹過的壞事也要記
才是稱職的史官
但我若記了東廠
幹過的壞事
那些趙高、魏忠賢等
諸惡靈
必會追殺我
我小命不保
我也怕死
——世上誰不怕死？
寫或不寫
如何記錄

憂鬱啊
我想了三天三夜
憂鬱了三天三夜
我肯定是
也得了
憂鬱症

怎一個「愁」字了得
我內心
充溢著矛和盾
兩大勢力
以我胸為戰場
各不相讓
在我胸中對決
打得天昏地暗

日夜不安
不知道又打了
多少個三天三夜
憂鬱啊
我決心出走
漫遊島嶼
去散散心吧

走出去
陽光無私普照
我放眼看去
一棟棟古舊的水泥森林
沒有生機
每棟也
沒有任何情緒

我正奇怪
地瓜島雖小
也有二千多萬生命
我在仔細看
黑影幢幢
似有似無
一個個都是沒頭沒腦
只顧著
覓食
搶食地上一塊
撕碎的麵包
也有的無足無根
有如一塊肉肉
有老肉肉
也有小鮮肉

在空間中
飄浮著
漫無目的的
活著
只是活著

我到處走走逛逛
未見有人
這是什麼島嶼？
什麼世紀？
石器時代也不像
我漫遊著
漫遊在一個沒有意識的地方
黑影擁擠
且噪雜

這是生命的跡象
我追著黑影和聲音
也看到了人群
我不清楚
那是類人
還是被
東廠新政權
煮得半生不熟的青蛙
總之，所見生命
都是無意識
只有傳來的風聲
有意識

我漫遊地瓜島
本想散心

卻引起我
另一種憂鬱
島上的眾生怎麼了！
所見人不像人
都是破碎的
身體是破碎的
靈魂也破碎
甚至心和身體是對立的
只見許多破碎的靈魂
飄浮
或走動
在島嶼的空間
心中都在找機會
要跳海
或跳樓

或利用一個晚上
逃亡
逃到那裡算那裡
總比被東廠捕捉
做燒烤人肉好
活著實在
太憂鬱了
死又不甘心
許多人三十七計
逃為上上策

第四章　漂流，我漂向晶英客棧

漂流
大漂流
以大漂流進行大逃難
是生物演化的
自然法則
在東廠新政權統治下
幾十年來
地瓜島的
大小漂流
都是正常活動

有時四周被
風聲和黑影
封鎖
漂流乃歸於
靜止

漂流
誰在漂流
類人，以及
尚未成為類人的
人類
包含
死人、活死人
死活人
還有島上的青蛙

包含那些
被煮得
半生不熟的青蛙
就算看起來是一個
死樣子的
年輕世代
都有漂流的
企圖
個中深層的原因
難以理解
總之有機會
大家就漂、漂、漂
漂走了
往何處漂？

漂到那裡？
不外西漂、東漂
北漂、南漂
而我
意外漂到一個異世界
（這是後話）

西漂者
大膽西進也
選擇一個月黑風高的晚上
風聲不緊
不告別
不留遺言
不能光明正大乘船
頂多是

一葉扁舟
獨木舟也行
能浮、能漂
的東西就好
漂的感覺都是痛苦
像一塊木頭
漂了半天
又被浪頭沖回沙灘
你不能詛咒海浪
不能責怪沙灘

不能失望
雖屢戰屢敗
也要屢敗屢戰
因為聽說

只要西進
就能實現夢想
一切的美好都在
西方
向前漂
不要害怕沿途
冰冷的海水
無情的批判
把自己當作是一塊
死硬派的
木頭
就可以不怕冷
不怕溺死
自在漂
總可以漂到西方

在冰冷的海水中
奮力
使水溫升高
美夢燃燒
火焰照亮海面
照亮信念
憑著堅定信念
大膽西漂
在世界末日之前
或成為死人之前
定可漂到彼岸

東漂者
也是一群綠色黑影所做的
美夢

這是地瓜島最早的夢
不知為何大家愛做
美夢
但現在做美夢
風險很高
因為要漂過
萬里大洋
為了追求美夢
只有死命的漂
不看天空
看天空會昏眩
不看沉船
看沉船腿軟

想像自己是一條魚

便與大海同在
便不會溺死
魚有溺死的嗎？
有如在大洋
散步
調整呼吸
才能漂過萬里大洋
日復一日
年復一年
漂泊的靈魂
就在漂流途中
傳宗接代
一代漂不到
下一代持續漂
為什麼每一代都在

漂流
因為，美夢
不可懷疑
懷疑了
即刻美夢破碎
眾皆溺死在
大洋中
到大洋彼岸織
美夢
是許多綠色黑影的
天命
寧可
沒頭沒腦
無足無根
當一隻青蛙

或活死人
也要漂到大洋之
彼岸織
美夢

北漂者
漂向社會主義理想國也
自古以來
眾生無不嚮往
理想國
據聞
到了理想國中
人生一切
俱由國家負責
一切食衣住行生死等等

都完善備齊
這個理想國就在
地瓜島之北
往北
再往北
就到了

地瓜島之眾生
據聞
曾有到達理想國者
因此，也引來不少
北漂者
就是要漂
天涯海角也要
漂過去

北海冰冷
故事永遠吸引人
也把自己化成
一塊木頭
浮於海
與鯨、與海鳥、與風雲
同漂共浴

北漂
為追尋理想國的夢
給地瓜島上
類人、人類、青蛙等，以及
活死人、死活人
乃至被說成
死人的

一絲絲希望
只要希望在
就能撐過東廠新政權
給眾生製造的
一切災難

漂啊
向前漂
遠方的夢
越來越近
空氣中已有理想國的味道
同漂的鯨魚和海鳥
用社會主義術語
聊八卦
頭頂上的月亮

定屬理想國
又圓又亮
每塊漂流的木頭
越來越興奮
理想就在
不遠的前方
漂啊
用力的漂

南漂者
地瓜島之
新南向政策也
所謂南向政策
於神州之眾神歷史上
古已有之

如曾有英雄鄭和
七下南洋
宣揚神威
可惜斷絕數百年後
南方諸邦
已退化成了蠻夷之地
其文明文化
後退千年

惟地瓜島為何會出現
南向政策
據聞
東廠新政權的頭頭們
從鄭和的一張古地圖
發現明朝東廠公公

逃到南洋
帶走一批金銀財寶
找到這些
地瓜島就有了建國經費
從此以後就叫
地瓜國
這應是騙死人不償命的騙局
實際上定有
暗黑的私心
結果找了幾十年
也找不到這批財寶
凡此原是
極機密
久而久之，訛傳
南方有神秘之國

遍地黃金
少不了又吸引一批
南漂者

地瓜島之東廠政權
統治手段
越來越恐怖
那一群群趙高
一夥夥魏忠賢等
皆惡靈集合體
恐怖啊
恐怖
再不設法南漂
明日被東廠捕獲
就成了惡靈的

燒烤人肉
今夜，不知有多少生命
奔向南方
漂、漂
死命的漂
漂向南方
再南方

當地瓜島
最近一波波漂流潮
在隱密中
起漂
事出有因
東廠政權在一個名叫
蔡英文的領導

密令下
針對批評者、異議者，以及
兩位史官
進行秘密處決
紙包不住火
何況，據說
以各種原因被捕者已
上達萬人
因此，引起了
西漂、東漂
北漂、南漂
大逃亡潮

風聲日急
我感覺到某種

殺機
漸漸逼近
甚至已聞到
殺機的味道
情急之下
我隨少數人逃入深山
逃、逃、逃
入群山，我意外
我懷疑自己
進入另一個宇宙
或什麼世界？
晶英客棧
一個異世界

第五章　晶英客棧，一個異世界

被一陣
緊急的浪
從床上漂起來
往深山漂
漂流者有一大群
一時間
都失去意識
只是死命的
隨浪急行
因為，聞說

東廠新政權的
爪牙
正在追捕
群星與眾神
漂得比浪還快
夜晚來臨
浪潮依然驚恐
這時不論
死人、活死人或青蛙
人類或類人
依然不分日夜
拼命的逃
逃入深山
更深的深山
逃離這個地瓜島

星星、月亮、太陽
也逃入深山
不然，不是
死路一條
就是得了憂鬱症

不知過了多久
同行者
很多失散了
我在深山裡
迷途
感覺好像是春天
為使日子
不太厚重
唱一首歌吧

至於
前途何在？
就交給春神
春神
屬於美夢的編織者
我的前途就
交給神
當人力難為
這是好辦法

不知今日
到了何年何月
感覺在深山中過了
很久很久
天長地久

像是隔了幾個世紀
到了另一個世界
懷疑生起
小小一個地瓜島
何來重山峻嶺
漂不完的山
我成了山人
與花草、樹木、鳥獸、山水
成了一家人
無分別
這樣，我每天
有吃有喝
突有所思
永遠當一個山中野人
其妙無比

何必當那要命的史官
當我這樣想時
森林中的十二生相，以及
非十二生相
眾多朋友
都圍到我的四周
與我聊起
八卦
你說神不神？
這一定是春神
給我的媚力
此刻
我和一切眾生
不論胎生、卵生、濕生等
都成了親蜜愛人

或知音
或紅粉知己
我內心讚嘆
神啊！神啊！

我解放自己
在群山間
漂浮
我不清楚
為什麼身體在漂浮
似乎世間
沒有了地心引力
群山也浮懸了
遠處有瀑布
依然向下奔流

為什麼？
那漂浮的
是幻相或實相？
是身體或靈魂？
正疑惑間
不遠處的煙霧正散開
有旗幟飄飄
半空中的雲霧裡
現出一座
富麗的大門
（類似天堂裡的南天門）
門上有四個大字
「晶英客棧」
這下讓我驚恐了
難道我往生了嗎？

死了嗎？
不然，為什麼
我會到南天門？
太像是南天門了
而且還有個
晶英客棧
真是聞所未聞
但如今眼見為信
叫人
不得不相信

終於
我走進「南天門」
進入晶英客棧
有兩位服務人員迎面而來

親切的說
「歡迎來到我們的世界
晶英客棧
只是這個異世界的代稱
整個異世界
就是完全自然狀態的
客棧
……」

服務人員對異世界
做了介紹和說明
原來異世界的存在
不同於地球上的世界
已脫離人類認知
類似平行宇宙

或西方極樂世界
只是功能不同
異世界專門提供
各世界有正能量、富正道的
靈魂
前來居住或暫時休息
無條件也不收費
故稱「晶英客棧」
神奇的是
沒有正能量、正道的人
凡有邪門歪道心思者
受自然機制的限定
到不了異世界
也就無緣到
晶英客棧小住

其實我內心
尚有一些疑惑
不便問，例如
異世界的人
為什麼也是黃種人？
為什麼也講中文？
用中國漢字
難道異世界是
另一個中國嗎？
還是，只有
中國的善男子、善女子
可以入住
異世界的各客棧？
？？？

我按指定的區位
入住客棧
到附近走走散步
見有重重欄楣
重重羅網
重重行樹
又有七寶池
八功德水
放眼看出
一排排宮殿式客棧
階道、樓閣
皆以瑠璃、瑪瑙、金銀
而嚴飾之
天啊

眼前所見
不就是阿彌陀佛所說的
西方極樂國
但服務員說不是
異世界和西方極樂世界
功能不同
所以我高度相信
異世界，可能
或應該
就是東方極樂世界
因為各世界
有許多佛國
既然同屬佛國
所謂佛法不二
各佛國其本質屬性皆同

惟功能不同
也是合理
正思索間
微風吹動諸行樹
出微妙音
如百千種樂
同時俱作
聞是音者
自然皆生
念佛念法念僧之心
不錯
我更相信我所在
正是東方極樂世界

我就在這

美麗的異世界住下
晶英客棧
提供一切生活所需
客棧是一座自在的道場
一切都自在
自然形成
這個世界沒有一切
人為律法
可謂是
無法無天
因為來此之善男子、善女子
不存在任何
違法或
非自然之行為
這是異世界的神奇處

各區客棧
常辦各種法會
諸種修行課程
不會寂寞
異世界也有各種產業
有公務人員
他們也上班下班
日復一日
不知過了多久
也不知道
異世界和地球世界
時間有多少差異
幸好每天有各界善靈入住
我區之客棧
我特別打聽到一位

最近入住的神州之鄉親
問地瓜島近況
還有那東廠政權今何在
答說：今已地球年廿三世紀
史載地瓜島之東廠政權
已於廿一世紀初滅亡
而地瓜島
已被神州諸神收服
建設為眾神之
海上花園

生命和時間
進行比賽
看誰跑得最久
大家都說時間一定贏

其實未必
科學家說時間有盡頭
而佛說無老死
亦無老死盡
即生命沒有盡頭
廿三世紀
我仍在
那是我的靈魂
我的業緣
漂遊在一個異世界
那是多麼真實
的夢境
啊！晶英客棧
是我夢境中
真實存在的異世界

第六章　太魯閣山脈傳奇

在我住客棧的前方不遠
是一座太魯閣山脈
為異世界之聖山
進山之前
必先完成祈禱和洗禮
辦理相關入山證
據去過的人說
每人所見風景都不同
這引起我
高度的好奇心

決心入山一探究竟

完成所有準備工作後
一個風光明媚的上午
我帶著愉快心情
走向太魯閣山脈
我感覺
太魯閣已先親切的
迎接擁抱我

大約中午
到達一個峽谷入口
一陣新鮮的氣息
進我感官
峽谷兩邊景色宜人

山勢壯麗巍峨
轉瞬間
一陣濃厚的霧
包圍了我
有一種蕭瑟寒冷的感覺
霧中的朦朧感
使我飄飄然
如在仙境

走著，我有些迷路
摸索前進
突然間
我被一陣激烈的聲響
所驚動
啓動了防衛機制

冷靜思考
深山何來聲響
頃刻由遠而近
一群人在逃亡
看其服裝
正是幾百年前
地瓜島上的太魯閣族原住民
一下就逃的無影無蹤
後面又一隊人馬
帶著武器
叫喊著追殺過來
觀其服飾
正是數百年前佔領地瓜島的
漢倭奴國軍隊
瞬間也從我眼前

經過、消失
我明白了
那是倭軍對太魯閣族的
一場大屠殺

我感到驚恐
一場逃亡和追殺
瞬間又不見了
一片死寂
我懷疑自己在作夢
或幻相
我努力喚醒自己
對著山大叫
不叫還好
一叫叫醒了山

一叫改變了眼前風景
好像這山有意識
要安慰我
眼前呈現出一溪流泉
淺流淙淙
我彎腰洗把臉
驅散了一些困惑
在樹下小坐
睡著了

醒來時
我盡量控制住自己
一種意識
本能的
把我的靈魂

帶進一個全新孤單的境界
微風夾雜著怪味道
傳入我的感官
滔滔水聲傳來
混雜許多人哼唱的喧嘩
我又本能的提高警覺
很快又歸於平靜
我一頭霧水
到底自己身處何方
或處在什麼世界
是死？是活？

我確定
自己是活著
就正站在高山上

遠觀群山河流
群山都是懸浮的
極目望去
河流盡頭似有城鎮
我向前行
進到城鎮內
城鎮不大，甚至
有些荒涼
那些民宅，閩南式的
有人、有市集
啊！看到很多倭國軍隊
壓著一群人
到刑場
我在不遠處看到
一個個

都被槍斃了
無人敢來收屍
這是倭人佔領地瓜島
所發生
無數次的大屠殺
那一幕幕
為什麼此時此地呈現出來
我確定
我是清醒的
不是作夢

我決定要
多了解一下這座城鎮
它該是地瓜島
北部之城

我穿過兩條街
街上行人驚恐
不久出現
一群逃亡的人
後面又有倭兵追殺
也有一群勇者
勇於與倭兵對抗
在街道上打混戰
我忍不住
加入反抗陣營
拾起地上的兵器
武裝自己
對倭兵瘋狂砍殺
因倭兵太多
反抗陣營還是慘敗下來

退卻到一個避難室

我在避難室裡
向反抗軍發表演說
他們都是地瓜島上的勇者
反抗倭人的統治
我說用
聲東擊西之計
大家先脫困
相機再對倭人
發動攻擊
消滅全部倭人
大家同意
我們分兩隊衝出避難室
退到一處廣場

正重整旗鼓
突然有大隊倭兵殺過來
我和反抗軍
又陷入混戰
我們不知所措之中
退到一處
永不見光的地下道

判斷當前情勢
我們已被倭兵包圍
狀況危急
大家都表示
必須冒死突圍
才有生機
否則全部死路一條

大家緊握兵器
我們兵分兩路突圍
我和一隊順利
突圍出去
並向附近山區退卻
倭兵從三個方向
追殺我們
我們且戰且走
人死的越來越多
能戰者
越來越少
情勢更為危險
倭軍兵器好人又多
地瓜島勇士
兵器差、人較少

突然，終於
一顆子彈
好像長了眼睛
竟然在亂集團中
很精準的
找到我
喜歡我
擁抱了我
但是它的擁抱註定會死人
這顆兇惡的子彈
飛上我胸膛
找到心窩處
毫不客氣
就竄入我心肝
我根本來不及

拒絕
就兩眼一花
身子一晃
重重的跌在地上
我痛苦掙扎
急速喘氣
頃刻，奄奄一息
死了
我確定
我自己定是必死
一個倭兵邪惡的子彈
打入心肝
還有不死嗎？

奇怪的事情發生了

就發生在我身上
約過不久
我的情緒
感覺
充滿著黑暗、虛無
死亡的意識
又頃刻
似乎我正通過
一道紫色的光芒地區
靈魂突然抖動起來
有輕快的感覺
接下來感覺到
不是看到
我似乎從地面升起
飄浮著

沒有形狀
沒有視覺
也沒有聽覺
觸覺更是沒有了
一切又回到平靜
打仗的雙方人馬
全不見了
城鎮回復了常態

此時此刻
世界是多麼寧靜
連風聲水聲
都刻意保持得
很安祥
以免吵到飄浮的我

我靜靜的
飄浮在上面
看著躺在地上
自己的屍首
胸口還在流血
血染紅了
整片的大地
附近到處也躺著死人
我腦袋感到腫脹
漸漸的
我覺得索然無味
也不再關心
那個躺在地上的屍體
我意志力全部消失

只有神識
身體倏地浮起
飄的更高
像在騰雲駕霧
當我飛到
最初到達的峽谷入口
不遠處
那逃難的太魯閣族
追殺的倭軍
景像又出現
瞬間又消失
飛到原先的入山口
我自動下降
重量、肉體、知覺、意識
全都恢復了常態

我整個人
回復到原來的我
我邁著輕快的步伐
回到客棧
所有經歷記憶如新
但我滿肚子疑惑
到底我
進到什麼世界？
入山所見
是多麼的真實
活生生的人事事件
不像是作夢
亦非幻像
我甚至懷疑太魯閣山脈
聖山、神山

必有不凡處
必有人所不知
疑惑太多
我決定設法解惑

我前往異世界的
中央總醫院催眠科
進行意識催眠
回溯前世
找出問題疑惑的根源
此法古已有之
各世界亦常用之法
只是科技文明程度不同
異世界的科技文明
早已超越各世界

比地球文明先進幾千年
而達到
超高等文明階段
僅次於西方極樂世界

總醫院催眠科醫師表示
進行深度催眠
最遠可以回溯一萬年
並可按患者所要
年代、階段、事件、現場
呈現出影像
乃至完整列印出來
等於是現場重建
我的問題
只要回溯數百年

事件也單純
所以解惑不難
經過催眠回溯後
醫生給我如後的說明

「你在山中所見虛幻景像
均非虛幻
而是真正的歷史
數百年前
神州大地東海的惡鄰居
古稱：漢．倭奴王國
後稱倭國
入侵神州，佔領地瓜島
在島上進行大屠殺
而你

成長於地瓜島
你身為史官
有強烈的使命感
過度涉入
地瓜島被殖民的歷史
包含後來地瓜島出現的
東廠政權
都已植入你的意識基因
在某種特別環境中
那些事件的影像
會瞬間呈現」

但那些影像
為何平時都沒有呈現？
而是進到

太魯閣山區後
才一一顯像
難道這
太魯閣山脈真的有
意識或神識
或我和太魯閣之間
有什麼因緣？
針對這些疑惑
醫師根據催眠過程
給我如後的說明

「太魯閣山脈
除了是異世界的聖山
也是有意識之山
智慧之山

這是因為
太魯閣和異世界
是同時成長、進步、演化的
一座神山
祂會有意識的感應
來訪的人
尤其來訪的人
充滿著正能量
正氣磅礴
如你
磅礴立四極
穹隆放蒼天
正是太魯閣山脈
想要交流的能量
所以你和太魯閣

有共同天命
太魯閣視你為
知音、好友
之所以如此
還有一點因緣
數百年前
你在地瓜島
島上也有一座同名的
太魯閣
你常去親近這座山
這就是因緣」

我帶著滿意的心情
回到客棧
服務人員傳達一則訊息

蔣介石和毛澤東二人
將要參訪異世界
並發表演講
他二人目前在
西方極樂世界
他們也曾應地藏菩薩邀請
到地獄參訪
講經說法
那些歷史記錄在
《蔣毛最後的邂逅》一書
他二人和我也有一段緣
我得準備一下
好好迎接這兩個大人物
到時也應該是
異世界之盛事

第七章　我愛太魯閣

從此以後
我不把太魯閣山脈
當什麼聖山
或神山
我把太魯閣
當成我的老友、知音
甚至紅粉、情人
我愛太魯閣

住在客棧

修行、功課之外
有時
難免孤獨
寂寞
畢竟住在客棧的人
都是客人
只有住得久暫不同
你要何處尋得知音？
在各世界
都是不容易的事
現在有個叫
太魯閣的
願意成為我的知音好友
我也可以把她
她，就用她

當成我的紅粉情人
我何樂不為？
我有了個後花園
情人有山有水
她懂我心
知道我想什麼
啊，太魯閣
有妳真好
與妳同行
我的身心靈
得到了暫時全面解放

現在我是
太魯閣的粉絲
（我們互為粉絲）

當我深夜
躺在客棧的床上
睡不著
羊也數了千隻
仍睡不著
我的一顆心
就會出走
走向太魯閣
投入她的懷抱
與她說說心事
她靜靜傾聽
有時用微風說她的心事
我和山、水、雲
皆零距離
我見青山多嫵媚

青山見我應如是
石岩山水和綠葉紅花
都想和我談心
我喜歡情話綿綿
我愛太魯閣

那河床裡大大小小的溪石
對我點頭
我回以微笑
並合照一張
永恒的回憶
綠水不再澎湃
而是輕聲細語的談心
潺潺禪音
乃無尚

無情說法
聽啊
整座太魯閣山脈
正在講經
講的什麼經？
你仔細聽
《心經》或《金剛經》

那微風也嬌媚
向你述說情話
撫摸你的臉頰
叫人解放
或興奮
原來，這
也是一種愛

古人梅妻鶴子
我不能把太魯閣當情人嗎？
不能和她做
愛做的事嗎？
一切都可以放下
只有愛不能
不論到了哪個世界
我都帶著愛
愛
隨我轉世

我親近太魯閣山
走遍
也看遍
她身體的每個部位

而彎曲的山谷
如她的心思
有時你得猜一猜
有光照進時
她燦爛甜美的微笑
呈現一座天堂
小溪流
最是可愛
不食人間煙火的小仙女
就是這樣
才叫人興奮
而越是這樣
就越是散發出
致命吸引力
上了山

就不想下山了
有時我想
乾脆就
入定到岩石中
永在太魯閣
我就是太魯閣了
或只是成了
一塊無關緊要的太魯閣石頭
也無所謂
與那永恒異色的山水
談一場無止境的戀情
直到
地老天荒
海枯石爛
只要有愛在

海不枯、石不爛
地不老、天不荒
世界恒在

太魯閣山脈中
有一處紫色山谷
谷風徐徐
散發不同的紫色光
名曰天祥
實為異世界中之異世界
各世界中
最是浪漫的
谷中花園
像是一個致命吸引力的情人
她安祥

靚深、神秘
無緣之人
不能進入天祥谷
與太魯閣不能心心相印者
進不了天祥
谷風說著情話
自會引導有緣人
到此一遊
一親芳澤
神吧！
她的情話如神
神話般的美
谷風從四面山壁
乘紫光而下
綿綿、款款傳來

傳入你心房
讓你心動
她很快將你捕捉
令你臣服
乾脆就在這裡
嫁給天祥
在天祥老去

客棧終究是客棧
各界眾生
善男子、善女子
人來人往
知音難求
現在我有了太魯閣
知音、好友

紅粉、情人
都有了
夫復何求啊！
我愛太魯閣

第八章　晶英客棧頌

晶英客棧
是一個絕美的社區
真情意空間
各世界善男子
善女子
皆至善之靈魂
整個異世界
晶英客棧
分佈在不同區
因其真善美

乃能吸引各界的善靈魂
到此一遊
特別要在晶英客棧小住
若未住晶英客棧
等於沒到
異世界
所以晶英客棧
是異世界最鮮明的亮點
最不凡的特色
也才使異世界
成為所有世界中
最佳旅遊勝地
屬九星級
僅次於西方極樂世界

為何晶英客棧
會成為如此不凡的
真善美社區？
我得按我居住的經驗
所見所聞
略加以簡介
我區客棧的社區活動
極為豐富
且多元，例如
詩歌朗頌會、研討會
民歌老歌晚會
異世界景點旅遊
各世界參訪
不同文明文化體驗
等等種類頗多

詩歌活動方面

神州大地上著名的詩人
郭沫若、胡適、冰心、徐志摩
聞一多、艾青、賀敬之、流沙河
北島、舒婷、臧克家等
重要詩刊詩人群
如《華文現代詩》詩人群
彭正雄、鄭雅文、林錫嘉
曾美霞、楊顯榮、劉正偉
陳福成、許其正、陳寧貴
莫渝等
《創世紀》詩人群
余光中、洛夫、張默
辛鬱、碧果、管管、辛牧

汪啓疆、陳素英等
以及《葡萄園》、《秋水》詩人群
文曉村、涂靜怡、綠蒂等
還有《大人物》詩人群
范揚松、方飛白、吳明興
莊雲惠、陳福成等
以上等等
都曾應邀在
我區晶英客棧
發表詩歌朗頌會
或詩歌研討會
這是才不久的事
也是當時
異世界盛會

客棧的社區活動
經常性的有各種晚會節目
如老歌民歌演唱
各民族舞團表演
我印象中
神州大地紅極一時的歌星
如鳳飛飛、鄧麗君
羅大佑、高凌風等
乃至周璇、白光、姚敏等
都曾應邀
參訪異世界
並在客棧晚會表演
因為太受歡迎了
後來連地球異邦著名歌手
如貓王埔里斯來、彼頭四

麥可傑克遜等
也曾應邀來表演
盛況一時啊

社區旅遊活動
有異世界各區旅遊
各世界最常辦的是
三界二十八天
近者如
地居天、忉利天、化樂天
兜率天、他化自在天等
再遠如四禪十八天的
少光天、福生天
善見天、善現天
色究竟天等

更遠如四無色天
空無邊處天、識無邊處天
無所有處天、非想非非想天
各天界無比殊勝
參訪旅遊各天界
都要先期約定
極受歡迎
也成了客棧社區
重要經常性活動

晶英客棧
除了各種愉樂、知性
旅遊活動外
也是佛法修行之地
各種活動都有

佛法內涵
使佛法成為一種生活
當然，邀請
各界大師來講經說法
例如神州著名大師
星雲、聖嚴、證嚴、惟覺
心道等高僧
又如禪宗初祖達摩
二祖慧可、三祖僧璨
四祖道信、五祖弘忍
六祖慧能
乃至晚近之
楊仁山菩薩
趙樸初居士、虛雲老和尚等
也曾在我區

或別區的晶英客棧
講經說法
一時殊勝啊！

啊！晶英客棧
是各界眾生唯美浪漫的
夢遊仙境
當你諸惡不作
眾善奉行
心無邪念
成為純淨的靈魂
自能一遊這客棧
那時
即非夢境
而是真實的實現

歡迎各界
善男子、善女子
到晶英客棧小住

陳福成著作全編總目

壹、兩岸關係

決戰閏八月
防衛大台灣
解開兩岸十大弔詭
大陸政策與兩岸關係

貳、國家安全

國家安全與情治機關的弔詭
國家安全與戰略關係
國家安全論壇。

參、中國學四部曲

中國歷代戰爭新詮
中國近代黨派發展研究新詮
中國政治思想新詮
中國四大兵法家新詮：孫子、吳起、孫臏、孔明

肆、歷史、人類、文化、宗教、會黨

神劍與屠刀
中國神譜
天帝教的中華文化意涵
奴婢妾匪到革命家之路：復興廣播電台謝雪紅訪講錄
洪門、青幫與哥老會研究

伍、詩〈現代詩、傳統詩〉、文學

幻夢花開一江山
赤縣行腳・神州心旅
「外公」與「外婆」的詩
尋找一座山
春秋記實
性情世界
春秋詩選
八方風雲性情世界
古晟的誕生
把腳印典藏在雲端
從魯迅文學醫人魂救國魂說起
六十後詩雜記詩集

陸、現代詩（詩人、詩社）研究

三月詩會研究
我們的春秋大業：三月詩會二十年別集
中國當代平民詩人王學忠
讀詩稗記
嚴謹與浪漫之間
一信詩學研究：解剖一隻九頭詩鵠
囚徒
胡爾泰現代詩臆說
王學忠籲天詩錄

柒、春秋典型人物研究、遊記

山西芮城劉焦智「鳳梅人」報研究
在「鳳梅人」小橋上
我所知道的孫大公

為中華民族的生存發展進百書疏
金秋六人行
漸凍勇士陳宏

捌、小說、翻譯小說

迷情・奇謀・輪迴、
愛倫坡恐怖推理小說

玖、散文、論文、雜記、詩遊記、人生小品

一個軍校生的台大閒情
古道・秋風・瘦筆
頓悟學習
春秋正義
公主與王子的夢幻、
洄游的鮭魚
男人和女人的情話真話
台灣邊陲之美
最自在的彩霞
梁又平事件後

拾、回憶錄體

五十不惑
我的革命檔案
台大教官興衰錄
迷航記、
最後一代書寫的身影
我這輩子幹了什麼好事
那些年我們是這樣寫情書的
那些年我們是這樣談戀愛的
台灣大學退休人員聯誼會第九屆理事長記實

拾壹、兵學、戰爭

孫子實戰經驗研究
第四波戰爭開山鼻祖賓拉登

拾貳、政治研究

政治學方法論概說
西洋政治思想史概述
中國全民民主統一會北京行
尋找理想國：中國式民主政治研究要綱

拾參、中國命運、喚醒國魂

大浩劫後：日本311天譴說
日本問題的終極處理
台大逸仙學會

拾肆、地方誌、地區研究

台北公館台大地區考古・導覽
台中開發史
台北的前世今生
台北公館地區開發史

拾伍、其他

英文單字研究
與君賞玩天地寬（文友評論）
非常傳銷學
新領導與管理實務

2015 年 9 月後新著

編號	書　　　　名	出版社	出版時間	定價	字數(萬)	內容性質
81	一隻菜鳥的學佛初認識	文史哲	2015.09	460	12	學佛心得
82	海青青的天空	文史哲	2015.09	250	6	現代詩評
83	為播詩種與莊雲惠詩作初探	文史哲	2015.11	280	5	童詩、現代詩評
84	世界洪門歷史文化協會論壇	文史哲	2016.01	280	6	洪門活動紀錄
85	三搞統一：解剖共產黨、國民黨、民進黨怎樣搞統一	文史哲	2016.03	420	13	政治、統一
86	緣來艱辛非尋常－賞讀范揚松仿古體詩稿	文史哲	2016.04	400	9	詩、文學
87	大兵法家范蠡研究－商聖財神陶朱公傳奇	文史哲	2016.06	280	8	范蠡研究
88	典藏斷滅的文明：最後一代書寫身影的告別紀念	文史哲	2016.08	450	8	各種手稿
89	葉莎現代詩研究欣賞：靈山一朵花的美感	文史哲	2016.08	220	6	現代詩評
90	臺灣大學退休人員聯誼會第十屆理事長實記暨 2015～2016 重要事件簿	文史哲	2016.04	400	8	日記
91	我與當代中國大學圖書館的因緣	文史哲	2017.04	300	5	紀念狀
92	廣西參訪遊記（編著）	文史哲	2016.10	300	6	詩、遊記
93	中國鄉土詩人金土作品研究	文史哲	2017.12	420	11	文學研究
94	暇豫翻翻《揚子江》詩刊：蟾蜍山麓讀書瑣記	文史哲	2018.02	320	7	文學研究
95	我讀上海《海上詩刊》：中國歷史園林豫園詩話瑣記	文史哲	2018.03	320	6	文學研究
96	天帝教第二人間使命：上帝加持中國統一之努力	文史哲	2018.03	460	13	宗教
97	范蠡致富研究與學習：商聖財神之實務與操作	文史哲	2018.06	280	8	文學研究
98	光陰簡史：我的影像回憶錄現代詩集	文史哲	2018.07	360	6	詩、文學
99	光陰考古學：失落圖像考古現代詩集	文史哲	2018.08	460	7	詩、文學
100	鄭雅文現代詩之佛法衍繹	文史哲	2018.08	240	6	文學研究
101	林錫嘉現代詩賞析	文史哲	2018.08	420	10	文學研究
102	現代田園詩人許其正作品研析	文史哲	2018.08	520	12	文學研究
103	莫渝現代詩賞析	文史哲	2018.08	320	7	文學研究
104	陳寧貴現代詩研究	文史哲	2018.08	380	9	文學研究
105	曾美霞現代詩研析	文史哲	2018.08	360	7	文學研究
106	劉正偉現代詩賞析	文史哲	2018.08	400	9	文學研究
107	陳福成著作述評：他的寫作人生	文史哲	2018.08	420	9	文學研究
108	舉起文化使命的火把：彭正雄出版及交流一甲子	文史哲	2018.08	480	9	文學研究

109	我讀北京《黃埔》雜誌的筆記	文史哲	2018.10	400	9	文學研究
110	北京天津廊坊參訪紀實	文史哲	2019.12	420	8	遊記
111	觀自在綠蒂詩話：無住生詩的漂泊詩人	文史哲	2019.12	420	14	文學研究
112	中國詩歌墾拓者海青青：《牡丹園》和《中原歌壇》	文史哲	2020.06	580	6	詩、文學
113	走過這一世的證據：影像回顧現代詩集	文史哲	2020.06	580	6	詩、文學
114	這一是我們同路的證據：影像回顧現代詩題集	文史哲	2020.06	540	6	詩、文學
115	感動世界：感動三界故事詩集	文史哲	2020.06	360	4	詩、文學
116	印加最後的獨白：蟾蜍山萬盛草齋詩稿	文史哲	2020.06	400	5	詩、文學
117	台大遺境：失落圖像現代詩題集	文史哲	2020.09	580	6	詩、文學
118	中國鄉土詩人金土作品研究反響選集	文史哲	2020.10	360	4	詩、文學
119	夢幻泡影：金剛人生現代詩經	文史哲	2020.11	580	6	詩、文學
120	范蠡完勝三十六計：智謀之理論與全方位實務操作	文史哲	2020.11	880	39	戰略研究
121	我與當代中國大學圖書館的因緣（三）	文史哲	2021.01	580	6	詩、文學
122	這一世我們乘佛法行過神州大地：生身中國人的難得與光榮史詩	文史哲	2021.03	580	6	詩、文學
123	地瓜最後的獨白：陳福成長詩集	文史哲	2021.05	240	3	詩、文學
124	甘薯史記：陳福成超時空傳奇長詩劇	文史哲	2021.07	320	3	詩、文學
125	芋頭史記：陳福成科幻歷史傳奇長詩劇	文史哲	2021.08	350	3	詩、文學
126	這一世只做好一件事：為中華民族留下一筆文化公共財	文史哲	2021.09	380	6	人生記事
127	龍族魂：陳福成籲天錄詩集	文史哲	2021.09	380	6	詩、文學
128	歷史與真相	文史哲	2021.09	320	6	歷史反省
129	蔣毛最後的邂逅：陳福成中方夜譚春秋	文史哲	2021.10	300	6	科幻小說
130	大航海家鄭和：人類史上最早的慈航圖證	文史哲	2021.10	300	5	歷史
131	欣賞亞媺現代詩：懷念丁穎中國心	文史哲	2021.11	440	5	詩、文學
132	向明等八家詩讀後：被《食餘飲後集》電到	文史哲	2021.11	420	7	詩、文學
133	陳福成二〇二一年短詩集：躲進蓮藕孔洞內乘涼	文史哲	2021.12	380	3	詩、文學
134	中國新詩百年名家作品欣賞	文史哲	2022.01	460	8	新詩欣賞
135	流浪在神州邊陲的詩魂：台灣新詩人詩刊詩社	文史哲	2022.02	420	6	新詩欣賞
136	漂泊在神州邊陲的詩魂：台灣新詩人詩刊詩社	文史哲	2022.04	460	8	新詩欣賞
137	陸官 44 期福心會：暨一些黃埔情緣記事	文史哲	2022.05	320	4	人生記事
138	我躲進蓮藕孔洞內乘涼--2021 到 2022 的心情詩集	文史哲	2022.05	340	2	詩、文學
139	陳福成 70 自編年表：所見所做所寫事件簿	文史哲	2022.05	400	8	傳記
140	我的祖國行腳詩鈔：陳福成 70 歲紀念詩集	文史哲	2022.05	380	3	新詩欣賞

141	日本將不復存在：天譴一個民族	文史哲	2022.06	240	4	歷史研究
142	一個中國平民詩人的天命：王學忠詩的社會關懷	文史哲	2022.07	280	4	新詩欣賞
143	武經七書新註：中國文明文化富國強兵精要	文史哲	2022.08	540	16	兵書新注
144	明朗健康中國：台客現代詩賞析	文史哲	2022.09	440	8	新詩欣賞
145	進出一本改變你腦袋的詩集：許其正《一定》釋放核能量	文史哲	2022.09	300	4	新詩欣賞
146	進出吳明興的詩：找尋一個居士的圓融嘉境	文史哲	2022.10	280	5	新詩欣賞
147	進出方飛白的詩與畫：阿拉伯風韻與愛情	文史哲	2022.10	440	7	新詩欣賞
148	孫臏兵法註：山東臨沂銀雀山漢墓竹簡	文史哲	2022.12	280	4	兵書新注
149	鬼谷子新註	文史哲	2022.12	300	6	兵書新注
150	諸葛亮兵法新註	文史哲	2023.02	400	7	兵書新注
151	中國藏頭詩(一)：范揚松講學行旅詩欣賞	文史哲	2023.03	280	5	新詩欣賞
152	中國藏頭詩(二)：范揚松春秋大義詩欣賞	文史哲	2023.03	280	5	新詩欣賞
153	華文現代詩三百家	文史哲	2023.06	480	7	新詩欣賞
154	晶英客棧：陳福成詩科幻實驗小說	文史哲	2023.07	240	2	新詩欣賞

陳福成國防通識課程著編及其他作品

（各級學校教科書及其他）

編號	書　　名	出版社	教育部審定
1	國家安全概論（大學院校用）	幼　獅	民國 86 年
2	國家安全概述（高中職、專科用）	幼　獅	民國 86 年
3	國家安全概論（台灣大學專用書）	台　大	（臺大不送審）
4	軍事研究（大專院校用）（註一）	全　華	民國 95 年
5	國防通識（第一冊、高中學生用）（註二）	龍　騰	民國 94 年課程要綱
6	國防通識（第二冊、高中學生用）	龍　騰	同
7	國防通識（第三冊、高中學生用）	龍　騰	同
8	國防通識（第四冊、高中學生用）	龍　騰	同
9	國防通識（第一冊、教師專用）	龍　騰	同
10	國防通識（第二冊、教師專用）	龍　騰	同
11	國防通識（第三冊、教師專用）	龍　騰	同
12	國防通識（第四冊、教師專用）	龍　騰	同

註一　羅慶生、許競任、廖德智、秦昱華、陳福成合著，《軍事戰史》（臺北：全華圖書股份有限公司，二〇〇八年）。

註二　《國防通識》，學生課本四冊，教師專用四冊。由陳福成、李文師、李景素、頊臺民、陳國慶合著，陳福成也負責擔任主編。八冊全由龍騰文化事業股份有限公司出版。